KB107581

개바쁜 나를 위한
시간 관리법

개바쁜 나를 위한
시간 관리법

올리버 루크 델로리 지음

이현수 옮김

율리시즈

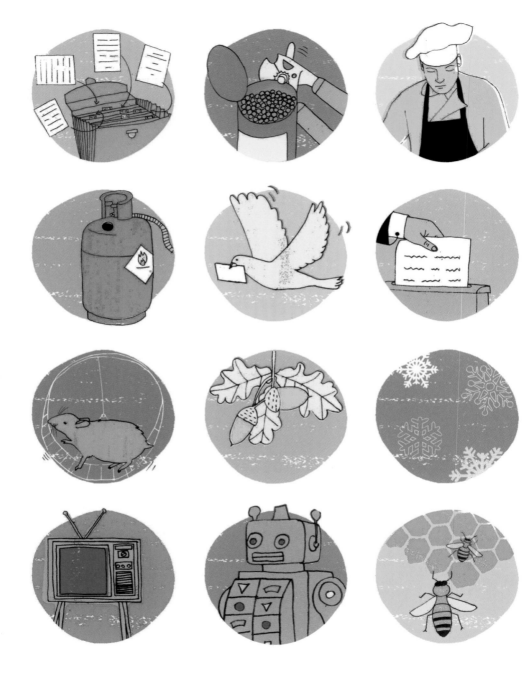

서문

우리에게 주어진 최고 자원인 시간. 시간 관리법을 터득하는 것보다
더 가치 있는 기술은 없는 것 같습니다. 그래서 시간 관리에 관한
원고를 청탁받았을 때 주저하지 않았습니다.

이후 몇 달간 자료를 조사하고 책을 쓰면서 내 삶은 갑절로 생산적이
되었지요. 분명 여기에 제시한 100가지 방법에 흥분되거나 신나지는
않겠지만, 그것들은 충분히 치명적인 총알이 되어줄 것입니다.

삶이라는 뷔페에서 만찬을 즐기듯, 당신의 소중한 시간을 게걸스럽게
먹어치우려고 웅크린 굶주린 괴물을 죽일 만큼은 말이죠.

하루에 덤으로 시간이 주어진다면 무엇을 하고 싶으신가요?

해마다 일주일이 더 추가된다면 무얼 하시겠습니까?

마지막으로 이것 하나만 명심하십시오.

무엇인가 중요한 것이라면, 당신은 반드시 시간을 내게 되어 있다는
것을요.

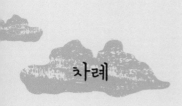

차례

일을 위한 시간

나를 위한 시간

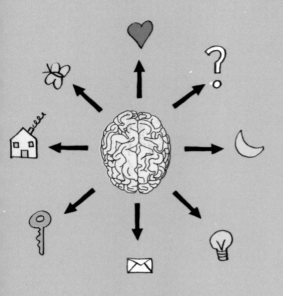

마냥 좋은 시간

일을 위한 시간

1

심호흡으로
스트레스를 날려버리기

숨을 멈추는 순간에 이르면, 시간 관리는 더 이상 쓸모없게 돼(시간
관리가 사후에도 유용하게 쓰일 거라고 믿는 게 아니라면 말이지).
하지만 우리가 어디에 있든, 효과적인 시간 관리의 적은 스트레스야.
그리고 이런 스트레스와의 싸움에 관한 한,
최고의 해결책 중 하나는 긴장을 푸는 거야.
기분이 나아질 때까지 5분쯤 휴식을 취하면서
심호흡을 해봐. 이제 모든 것이 서서히
좋아질 거야.

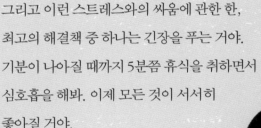

시간 관리 명상:
심호흡을 하면서
지금 이 순간에
집중해보는 겁니다.

2 정시 도착, 정시 출발~

신호가 초록색으로 바뀌면 바로 출발할 수 있어야 해.
그러면 너의 정확한 시간 관념과 전문성에 팀이 감동할 거야.
업무와 관련된 모임을 앞두고 체계적으로 준비할수록, 정해진
시간에 떠나기가 훨씬 더 수월해(넌 현재에 집중하고 모든
것을 준비했으니까 말이지). 이러한 행동은 동료들의 존경을
끌어낼 거야. 그들은 늑장을 부리고 또 수다 떠느라 정신이
없거든.

중요한 일의 실행을 앞두고 있다면,
시간을 엄수하세요.

미리미리 계획하기

우리는 얼마나 멀리 앞을 내다볼 수 있을까? 한 치 앞을 모르는 게
인생이지만 미리미리 계획을 세우는 것은 언제나 옳아. 그러기 위해
뭘 해야 하냐고? 무얼 하고 싶은데? 설사 지금 뭔가를 하고 있고,
언제, 어떻게 (미리) 해야 효과적일지 안다 해도, 예기치 못한 일은
터지게 마련이야. 실전이 시작됐을 땐 이미 속력을 내고 있어야
한다는 사실을 명심해.

계획을 세우지 않는다는 건,
실패할 계획을 세우는 것과 같습니다.

4

지각하는 자,
기다리지 말 것

회의가 시작되면 바로 문을 잠가버리는 것도 좋은
방법이지만, 민감한 팀원들은(특히 지각하는 부류에
속한다면) 다소 가혹한 처사라고 생각할 수도 있어. 가장
좋은 방법은 그들 없이 그냥 시작하는 거야. 1분도 쌓이면
큰 시간이 돼(예전의 내 회계사는 6분 단위로 클라이언트의
청구서를 정리하더라고). 네가 아무리 능력이 출중해도
결국 네가 속한 팀은 약체에 불과하겠지만, 이 능장 부리는
사람들이 네 앞길을 가로막게 내버려두어서야 되겠어?

__누구의 시간이 더 중요할까요?__

5

오늘 개바쁨.
회의는 화상으로 하시죠

교통체증이나 줄서기, 보안검사 통과하기, 다음 회의로
가는 길목의 과속 방지턱에서 감속하기 등에 허비하는
시간이 아깝지 않아? 기술의 발전 덕에 어디에 있든
언제라도 원하는 시간에 만날 수 있게 됐잖아. 하드웨어와
소프트웨어 원격회의 솔루션은 저렴하고 사용하기도 쉽고
또, 궁극적으로 가장 소중한 자원인 시간을 절약하는 데
많은 도움이 돼.

요즘은 화상회의만으로도 충분합니다.

6

베프 채용하기

인재를 수소문하고 신입사원을 고용하는 데 회사는
얼마나 많은 시간과 비용을 지불할까? 그리고 어디부터
최우선으로 찾아볼까? 혹시 외주업체를 고용하진
않는지? 주위의 지인들을 신입사원으로 추천할 수만
있다면, 헤드헌터에게 나갈 비용을 절감할 수 있을 거야.
그리고 실제로 이러한 업체는 그만한 대가를 받을 자격이
충분치 않은 경우도 많더라고.

당신의 베프라면, 당신이 확실한 보증인이 되어줄
수 있겠죠. 입사 과정도 신속히 진행시킬 수 있고요.

당신을 위한 템플릿이 백만 개나 있는데!

바퀴를 다시 발명할 필요는 없어. 이미 시중에는 예산 책정부터 3D 프린팅에 이르기까지, 모든 분야에서 사용할 수 있는 수천 가지 템플릿이 나와 있거든! '복사 & 붙여넣기' 정도만 할 줄 알면 돼. 이미 이전에 수많은 사람이 네가 할 일의 절반을 끝내놓았으니까. 템플릿의 이점을 최대한 활용해봐. 생산성이 높아지고 더 짧은 시간에 더 많은 작업을 수행할 수 있어.

직장이나 집에서 최대한 템플릿을 활용합니다.
생산성이 높아져 짧은 시간에 더 많은 일을 해치울 수 있답니다.

80/20의 법칙

전통적으로 파레토 법칙이라고 불리는 이 원리는 1906년에 이탈리아
경제학자가 처음 발견했어. 이 공식은 20퍼센트 노력의 투입으로
80퍼센트 성과가 나온다는 것인데, 다시 말해 성과의 80퍼센트는
근무시간 중 집중력을 발휘한 20퍼센트의 시간에 이뤄진다는 말이지.
그러니 지금부터 자금을 최대한 활용하기 위해선 사적으로나 공적으로
이 원칙을 어떻게 적용할지, 그래서 결과나 흐름의 판도를 완전히
바꾸어놓을 수 있을 것인지, 그 방법을 곰곰이 생각해봐.

원하는 것을 더 많이 갖고
원치 않는 것은 버리는 것이 필수!

9 과정이 중요해?
아님 결과가 중요해?

얼마나 많은 시간을 '바쁘게' 보내? 네가 블로그에 전념했다 해서 반드시 생산적인 활동을 했다거나 시간을 현명하게 사용했다고 볼 수는 없어. 어떻게 시간을 위임하고 십분 활용하느냐에 따라 얼마나 막대한 보상이 뒤따르는지, 알고 있지? 마찬가지로 일상적 업무나 잡일에 매여 있는 것과는 반대로, '산출물'과 '프로젝트 결과물'을 우선시하면 에너지를 응집시켜서 가시적 결과를 끌어내는 데 큰 도움이 돼. 그렇게 되면 너 스스로도 (그리고 상사도) 깜짝 놀랄걸? 특전과 혜택도 더 빨리 주어질 테고. 네가 삶에서 간절히 원하는 건 뭐야?

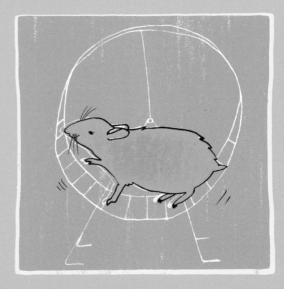

시간을 관리할 때는 질과 양 중에서 어떤 것이 중요한지, 따져보고 결정하는 겁니다.

10

예상되는 위험 감수하기

손익계산서를 작성해봤다거나 SWOT(강점, 약점, 기회, 위협) 분석을
실행해봤거나 이해득실 목록을 냅킨에 끄적거린 적이 있다면, 제대로
하고 있는 거야. 결정을 내리기에 앞서 최대한 정보를 수집하는 것은
현명한 행동이야. 그래도 위험을 산정하기 위해서는 매개변수와
얼마의 시간도 감안해야 할 테지만. 새로운 무언가를 시도해본다
생각하면 흥분되는 한편 두렵기도 하지. 그러니 네가 직면한 문제를
파악함으로써 잠재적 손실을 줄여봐.

'과다한 정보로 인한 분석 불능'이라는 시간의 덫에
빠지지 않도록 조심하십시오.

우선순위 정하기

할일이 산더미라 해도 세상이 끝나는 건 아냐.
왜냐하면 이미 좋아하고 싫어하는 것에 따라
우선순위를 매겼을 테니까. 무언가가 중요하다면, 넌
어떻게 해서라도 시간을 낼 거야. 하지만 산적해 있는
일에 짓눌려버리면 어찌 될까? 그렇담 전문가처럼
일하는 거야. 한 번에 하나씩 완수해 나가는 식으로.
무엇을 먼저 해야 할지 모르겠다고? 그냥 생각해봐.
제일 필요한 게 뭘까를.

삐걱거리는 바퀴에 기름칠을
하면 잘 굴러가게 됩니다.

12 혼란스러울수록 중요한 건 집중!

삶이 혼란스러울수록 더 많은 시간을 낭비하게 돼(그리고 그 시간은 절대 되돌릴 수 없지). 막중한 책임, 빚, 아니면 허드렛일로 가득한 바다에 너라는 배가 떠 있어. 그 바다가 배를 덮쳐 마침내 침몰하는 것처럼 느껴진다면, 가장 많이 새고 있는 곳에 집중해. 그 자리를 찾아내 너 스스로를 구해야 해. 밧줄이 풀리기 시작하면, 파도에 운명을 맡기는 신세가 될 수밖에. 집중은 네 자리를 공고히 하고 안정감과 영속성을 가져다줄 거야.

편히 쉴 수 있도록 고양이들은 잠시 떼어놓습니다.

13

복잡할 땐 세 가지만 예측하기

많은 경우, 도출할 수 있는 결과는 세 가지가 넘어. 하지만 지금은 단순하게 생각하고 세 가지만 집어내보자. 우선, 누군가 네 예상을 완전히 빗나가는 행동을 한다면 어떤 일이 일어날지 상상해봐. 둘째, 프로젝트가 예상보다 더 잘된다면 어찌 될까? 셋째, 일이 완전히 틀어지면 어떤 상황이 되지? 과연 너는 그것을 감당하고, 바로잡고, 그쯤에서 끝낼 수 있을까? 그래서, 최악의 상황이 지나가면 그다음은? 오로지 부정적인 결과에만 집중하면 역효과를 낳을 수 있어. 그러니 세 가지 시나리오 중에서 두 가지는 긍정적인 것으로 한 가지는 불완전한 것으로 균형을 맞추는 거야.

가능한 미래의 결과를 예측하여
현명하게 자원을 관리하세요.

14 한 번에 한 가지 일만!

요즘 사람들은 저마다 멀티태스킹에 능하다고 으스대지만, 전문가에 따르면
이것은 자랑거리가 못 된대. 네 사촌이 그 누구보다 단시간에 무언가를
성취했든, 인간은 멀티태스킹이 불가능한 존재라는 것이 정설이야. 그래,
어떤 일을 완료했다고 쳐. 하지만 그 수준은 어떨까? 정신이 분산되면
온전히 집중할 수 없는 게 당연하잖아.

반면, 한 번에 한 가지 일을 하는 것은 매우 효율적이야. 즉 정신을 한 번에
한 사람/한 곳/한 사물에만 집중하는 거지. 그 하나에만 신경을 쓰게 되니
결과도 좋을 수밖에.

만약 어떤 프로젝트나 취미 혹은 다른 뭔가가 중요하다면, 그것에 온전히
몰입하지 못할 이유는 뭐야. 고작 하루에 30분씩뿐인데도 말이지.

한 번에 한 가지에만 집중합니다.

위임하는 법 배우기

너 자신을 복제할 수 있다면 어떨까? 그러면 일하는 방식이
달라질까? 어디에 초점을 맞출 거지? 시간을 지혜롭게
활용해봐. 반복적인 업무나 별로 내키지 않는 활동은 다른
사람에게 위임하는 법을 배워서 말야. 모든 과제, 모든
프로젝트를 전문가처럼 다 해낼 수는 없잖아 (또 만사를 즐겁게
처리할 수도 없는 노릇이고). 하지만 누군가는 전문가처럼
수행할 수 있어. 네겐 짐스러운 일도 다른 누군가에게는 열정이
될 수 있다고. 그러니 일을 잘해내는 사람에게 맡겨보는 거야.
그러는 동안 넌 네가 잘하는 것에 집중하는 거지.

당신 혼자서 모든 일을 책임질 수는 없죠.
부담스러운 건 다른 사람에게 맡겨도 괜찮습니다.

16

테크놀로지 활용

더 풍요롭고, 쉽고, 편리하고, 즐거운 삶을 위해 매일
새로운 테크놀로지가 고안되고 개발되고 있어. 인간에게
더 많은 정보와 이익, 더 긴 수명과 시간, 사랑과 자원을
주기 위해서지. 어려운 일이기는 해. 하지만 편안한 생활을
약속하는 과학과 테크놀로지를 받아들여봐. 이전에는 결코
상상할 수 없던 방식으로 성장하고 이익도 얻게 될 거야.

우린 아직 아무것도 보지 못했죠.
어느 쪽이냐면, 이제 시작일 뿐입니다.

17 종이 없이 살아보기

종이와 종이 제품은 언제나 우리 삶의 일부였어. 그러나 종이를 덜 사고 (아니면 전혀 사지 않거나) 쓰는 양을 줄여 시간을 절약할 수 있어. 방법은 바로 문서를 디지털화하는 거야. 그리고 다른 사람들에게도 거래나 의사소통에 디지털 방식을 사용하자고 요청해봐. 이렇게 직장이나 집에서 시작하면 모든 것이 단순화돼.

종이 사용량을 줄이면 책상이나 서류 캐비닛 (결국 이것도 없어지겠지)의 잡동사니가 줄어들 거야. 알다시피, 잡동사니를 만들고 처리하는 데는 시간이 걸리지. 다행히도 어플들이 많이 나와 있어. 모두 종이에 대한 의존도를 최소화하되, 일과 개인적 관심사에 있어선 최대치의 즐거움을 주는 것들이야.

시간을 절감하고 나무를 살립시다.
종이 없이 살아보는 겁니다.

작업마다 적합한
도구는 따로 있다

새는 수도꼭지를 고치기 위해 배관공이 왔어. 그러고는 5분 안에 일을
끝내고 100달러를 청구해. 넌 내심 '직업을 바꿔야 하나' 생각하다 왜
그렇게 비싸게 받느냐고 따져 묻지. 그러면 배관공은 웃으며 이렇게
대답해. "부품 값은 10달러요. 나머지 90달러는 문제가 무엇인지, 어떤
도구를 사용해야 하는지, 그리고 어떻게 사용하는지를 아는 값이고."
필요한 장비를 임대하거나 빌리면 이동, 보관, 보험, 청소, 수리,
교체하지 않아도 되니까 시간을 절약할 수 있어.

정원의 잡초를 뽑는 데
포크를 사용하진 않습니다.

19 '해야 할 일' 목록을 포스트잇에

해야 할 일이 줄어들수록 긴장성 두통에 덜 시달리게 돼.
보통 포스트잇에 엄청나게 원대한 일을 적어 두진 않잖아.
또 처리 불가능한 난제 목록도 마찬가지고. 휴대하기
간편하고 접착력도 있어 요긴한 포스트잇에 적어두면
잊어버릴 일이 없지. 포스트잇을 늘 가까이 두면 그때그때
당장 필요한 일을 처리하는 데 정말 유용해. 해야 할
일에만 집중할 수 있으니까.

접착력 있는 이 노랗고
네모난 종이조각은 생산성
혁신에 지대한 공헌을
했답니다.

모범 사례 연구하기

문제를 해결하는 최고의 방법은 무엇일까? 유사한 문제를
주변의 성공한 동료, 제일 부러운 경쟁자, 가족 중 가장
지혜로운 사람은 어떻게 해결하디? 넌 해독하는 데 걸림돌이
된 그 코드를 프로들은 어떻게 풀어낼까? 네게 필요한
정보는 이미 다 나와 있어. 넌 단지 그것을 찾고, 이해하고,
실행하기만 하면 돼. 그리고 처음에 성공하지 못했다면,
다시 시도해봐.

가장 효과적인 방법과 절차를 찾아내 연구하고
실행해보는 겁니다.

21

시스템 구축

규율이나 법칙에 구애받지 않고 자발적으로 하는 것도 흥미로운
일이지만, 크게 성공한 일가나 조직, 사업체는 시스템이 제대로
정착되어 있을 때 가장 잘 돌아가. 즉 시스템에 따라 최고의 실적을
낼 수 있는 거지. 시스템이 좋아질수록 결과도 좋아져. 동료나 업계,
경쟁사들이 공용 또는 개인 프레임워크에서 시스템을 어디에, 어떻게
사용하는지 잘 확인해보고 따라 해봐. 그러면 시간과 자원을 최대한
활용하고 지속적으로 고품질의 상품과 서비스를 생산할 수 있을 거야
(아니면 적어도 집안일을 깔끔히 마무리한 다음, 가족과의 시간을
즐길 수 있겠지).

인간의 노력을 성공시키는 비책은
시스템입니다.

미루기는 이제 그만!

하루는 24시간이야. 그중에 먹고 자고 기타 등등의 것을 하느라 제대로 쓰는 시간은 평균 잡아 최대 10~12시간 정도라고 해. 한 번이라도 생각해본 적 있어? 자리를 박차고 일어나 공상해오던 바를 실행한다면 어떤 것들을 해낼 수 있을지 말야. 말로만 하던 것들을 행동으로 옮겨봐. 그리고 자신에게 보상을 (그러고 싶지 않다면 벌을) 내려봐. 오직 너 자신만이 네게 동기부여 할 수 있어. 일정을 세우고 해야 할 일을 해보라고. 그럼 스스로에게 깜짝 놀라게 될걸?

도대체 뭘 기다리는 거죠?

23

정보 과다로 인한 분석 불능

'분석 불능'이라는 허접한 짐승의 먹잇감이 되지 않도록
유념해. 분석 불능이란 정보 과부하의 유혹에 굴복하는 상태를
말해. 그 과정에서 우리는 많은 시간을 낭비하고, 결국엔
제자리걸음만 하고, 어떤 명확한 조치나 결정도 취하지 못하게
돼. 사실과 수치, 통계와 자료를 얻기는 쉽지만, 그 누구도 제때
모든 답을 제공할 수는 없어(또한 누구도 네가 예언가처럼
미래를 들여다볼 거라고 기대하진 않고). 융통성을 유지하는
한, 앞으로 나아가면서 얼마든지 방향을 수정할 수 있어.

이용 가능한 정보를 바탕으로
최선의 결정을 내리는 겁니다.

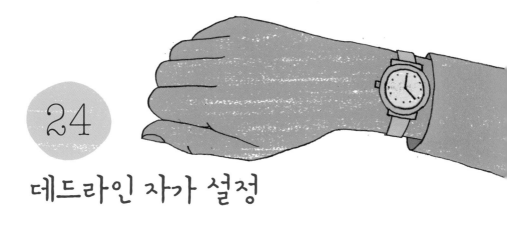

24

데드라인 자가 설정

프로젝트를 완수하거나 마감일을 지키려고 아등바등할 때,
엄청난 양의 에너지와 창의력, 아드레날린이 분출될 거야.
실현 가능한 마감일을 알아서 정해놓으면, 언제나 자극을 받고
체계적으로 제때에 끝낼 수 있어. 과거에 마감 시간을 넘기는
일이 잦았더라도 너무 초조해하지는 마. 스스로 부여한 의무를
수행하느라 매진할수록, 그것에 매달린 이에게 주어지는 보상을
더 빨리 얻게 될 거야.

하겠다고 말한 것을 '제때' 해보세요.
그러면 삶이 달라집니다.

주위에
날쌘돌이들이
바글거리도록

네 베프는 시간을 얼마나 잘 관리해? 그리고 네가 자주
전화나 문자, 이메일로 조언을 구하는 사람은 누구?
그들의 일상은 얼마나 질서정연하고, 효율적이고,
만족스러운데? 너와 가장 많은 시간을 보내는 다섯
사람의 조직적 능력과 재무 능력, 라이프스타일의
평균을 한번 내봐. 그러면 네가 어떤 사람인지 정확히
알게 될 거야(시간 관리에 얼마나 능숙한지까지도).
유유상종이란 말도 있잖아. 네 둥지에 모이는
새들은 빠릿빠릿하고 생산적이야, 아니면 느리고
게을러터졌어?

당신도 모르는 사이, 좋은 습관을 서서히
습득할 수 있습니다.

26

휴식 시간도 생산적으로

업무 중 휴식 시간을 어떻게 보내고 있어? 멍하니 커피만
마시거나 담배연기나 멀뚱멀뚱 쳐다보고 있는 건 아니겠지?
그럴 시간에 중요한 문자와 이메일에 답신하거나, 놓친
전화에 회신하거나, 동료와 의미 있는 대화를 나눠봐.
아니면 조용한 곳을 찾아 명상이나 스트레칭이라도
해보든가. 책을 읽든지, 남은 하루에 대한 계획을 세워보는
것은 어떨까? 일분일초가 소중하니까.

휴식 시간 15분 × 연간 500번의 휴식 시간 = 125시간

회사 일은 회사에서만

서로 라이벌인 두 축구 클럽의 팬들처럼, 일과 놀이는 서로
구분하는 것이 최선이야. 일주일에 40시간의 업무 시간을
뺀 나머지 80시간을 오롯이 나를 위한 것으로 생각하고,
컴퓨터를 끄고, 알람을 설정하고, 바닥을 청소하고, 문을
잠근 후, 사랑하는 사람과의 활동에 온전히 집중해봐.
이것은 회사의 업무와 집안일을 완전히 분리하는 것을
의미해. 퇴근 후 집에 가서든, 단골 술집에 들렀을 때든,
아니면 호숫가 통나무집에서든, 나만의 시간을 즐겨봐.

일이 나와 내가 가장 사랑하는 것 사이를
방해하도록 두어서는 안 됩니다.

28 서류 정리 시스템을 구축

서류 정리 시스템 구축은 식은 죽 먹기나 같아. 중요한 문서를 (한 곳에 두는 것은 물론) 정리해두면, 예전처럼 잘못된 청구서나 영수증, 계약서, 그리고 가장 좋아하는 음식의 레시피를 찾는 데 허비하는 시간을 훨씬 단축할 수 있어. 복잡하게 살 필요가 뭐야? 보관 절차를 단순하게 유지해. 바람이 어느 쪽에서 불어오든, 바람 따라 순조롭게 항해하면 되는 거야.

참고: 필요하다면 도움을 청해도 오케이.

정리하고
잊어버리는
겁니다.

29

아이디어 노트 만들기

왓, 대애애애박! 한밤중에 깨어나 꿈에서 계시받은 '우주의 비밀'을
기억하겠다고 맹세했건만, 불과 몇 시간 뒤 일어나선 그 비밀이
가물가물해서 처절하게 머리를 쥐어짰던 게, 언제가 마지막이었어?

침대 옆에 아이디어 노트를 마련해놓고 생각나는 모든 것을 적어두면,
저절로 한 곳에 정리가 되지. 이 파일은 영감이 필요할 때마다 찾아볼 수
있는 금광이 될 거야.

아이디어 파일을 만드는 이유는
아이디어를 한 곳에 정리해두기
위해서입니다.
그러면 아이디어를 찾거나 기억하느라
이리저리 뒤적일 필요가 없겠죠?

시간 활용 꿀팁 만들기

어떻게 하면 시간을 잘 보낼 수 있을까? '무아지경'에 빠지는 때는 언제일까? 최상의 결과를 내는 순간과 활동을 이용하는 것이야말로 시간을 가장 생산적으로 사용하는 방법일 거야. 새총을 쏴본 적 있어? 돌멩이 하나로 어떻게 두세 마리 새를 맞출까? 새로운 언어를 배우고 싶어? 그렇다면 운동할 때나 교통체증으로 차가 막힐 때 공부해보는 거야. 그동안 열어보지 못한 이메일 확인은 버스에서 하는 게 어때? 이것은 쓸데없이 사람이나 구경하는 재미와는 비교가 안 되지. 시간을 최대한 활용하는 것은 멀티태스킹과는 달라. '활용'은 최상의 결과를 도출하는 데 시간을 쓰는 것을 의미해 (20쪽의 '80/20의 법칙' 참조).

시간이 제자리걸음하고 있을 때
계속 움직이세요.

한 번에 처리할 것!

어떤 업무가 넘어왔을 때, 즉시 파일에 철하거나 요청에
응답할 게 아니면 집어 들거나 쳐다보지 마. 이메일을 열고
읽었다면, 그 즉시 답장해. 즉, 한 번 이상 건드리지 말라는
뜻이야. 차고를 청소 중이라면 눈에 띄는 모든 것은 그 즉시
처리해버려. 한 번 이상 손대거나, 두 번 세 번씩 무언가를
처리하느라 귀중한 시간을 버릴 이유가 없잖아.

처리하고, 그런 다음 해결합니다.

안건 없는 회의는 NO

안건 없는 회의는 노닥거리는 시간일 뿐이야. 처리할
작업이나 결정할 사안이 있는데, 의제조차 없다면 무의미한
시간낭비가 되겠지. 그것이 브레인스토밍 세션 시간이
아니라면 말이야(그조차도 '브레인스토밍 세션'이 할 일
목록에 들어가 있어야 해). 직장에서의 회의가 어떤지 다
알잖아. 볼 일이 남았어? 꼭 참석해야 해? 그렇지 않다면,
그런 불필요한 회의에 시간낭비하지 말고 중요한 일에
최선을 다하는 거야.

지금 당신의 일분일초는
다른 데 쓸 수 없는 시간입니다.

33 일상의 틀을 확립하기

지금 이 책을 읽고 있는 넌, 이래도 흥 저래도 흥하는 스타일이거나
매사를 직감적으로 처리하는 유형일 가능성이 농후해. 하지만 다른
사람들처럼 아침, 점심, 저녁 일과에 따라 기본 틀을 정할 순 있을
거야. 적어도 매일 같은 시각에 하는
행동이 있을 테니까 말이야. 기존의
일상을 유지하고 보완하는 건 어려울
게 없어. 이미 자리 잡은 틀을 인정하고,
거기에 새로운 습관이나 활동을
섞어보면 그만이니까.

로봇처럼 행동하는 법을
배우면 시간을 아낄 수
있습니다.

34

"아니요"라고
말할 수 있는 용기

진짜 내키지 않는 일이라고 시인하면 (그런 다음 정중하게
거절하면) 엄청난 시간과 돈, 에너지로부터 해방될 수 있어.
모두를 만족시키려고 애쓰는 것은 바람직하지 않아. 이미
알고 있잖아. "고맙지만 싫어요"라고 말하는 데는 용기와
연습이 필요하지만, 그렇게 함으로써 너 자신을 방어할 수 있고
계획표에서 불필요한 잔가지들을 정리할 수 있어. 얼마나 쉽게
거절할 수 있는지, 몇 가지 시나리오를 보여줄게.

"고맙지만 사양할게"라고 말함으로써
두통과 스트레스, 시간과 돈을 줄일 수 있습니다.
모두를 즐겁게 하려고 애쓰지 말아요.

그넘: 엄마, 내 셔츠 좀 빨아놔요. 그리고 다림질 좀 해주세요.

당신: 아들, 내 빨래솜씨를 알아주는 건 정말 고마운데 이제 너 스스로 하는 법도 배워야 할 것 같네. 이리 와, 가르쳐줄게.

그넘: 돈 좀 빌려줄래?

당신: 물어봐줘서 고마워, 하지만 내 주머니도 빠듯해서 말이야.

그넘: 이번 크리스마스, 너랑 함께 보낼 수 있을 것 같아.

당신: 아, 레알? 그런데 어쩌지. 어디 멀리 좀 가려고 예약해뒀거든.

그넘: 나랑 사귈래?

당신: 우와, 그렇게 말해주니 정말 고마워. 하지만 나 만나는 사람이 있어.

그넘: 오늘 점심이나 먹자(라고 쓰고 '회사 욕이나 하고 동료 흉이나 보자'라고 읽는다).

당신: 고마운데, 나 도시락 싸왔어. 다음에 먹자.

35

문제를 미연에 방지할 것

지미 헨드릭스의 노래 가사에 이런 말이 있어. '아직 두더지
굴처럼 작을 때 손날로 산을 썰어 내려가.' 일을 오래
묵힐수록 썩은 부위는 더 크게 번지게 돼. 어떨 때는 제어할
수 없을 정도로까지 말야. 그렇게 되기 전에 할 말은 하고,
해야 할 일은 하는 게 나아. 눈송이가 눈덩이가 되기 전에
녹으면 시간은 물론이고 더 많은 것을 아낄 수 있어. 두통과
스트레스가 줄고 일이 악화되는 것도 미연에 방지되지. 작은
불꽃은 화염이 되기 전에 꺼버리는 거야.

예방은 치료보다 낫지요.

36

결정장애 손보기

현재 어떤 방식으로 결정을 내리고 있어? 별도로 창의적인 시간을
갖고 자신에게 중요한 것이 무언지 생각해봐. 그런 다음 직감이나
직관을 따르든, 점괘나 점성술사, 부모님의 힘을 빌리든, 더 나은
결정을 더 빨리 내릴 방법을 모색하는 거지. 어느 길로 가야 할지
고민하는 시간이 적을수록, 보물이 숨어 있는 샛길을 탐험할 시간은
더 많아져.

갈림길이 나오면, 선택하는 겁니다.

바이오리듬 따라 살기

너는 아침형 인간이야, 아니면 올빼미형 인간이야? 아직 한 번도 네 바이오리듬을 생각해보지 못했다면, 가장 창의적이고, 생산적이고, 에너지가 넘칠 때가 언젠지 눈여겨 살펴봐. 대부분은 피곤하지 않을 때 가장 생산적이지. 하지만 연구에 따르면, 잠들기 직전에 최상으로 창의력을 발휘하는 사람도 있대. 달의 주기에 따라 정원을 가꾸고 있었다면 자신의 일일 또는 월별 주기를 따르는 것도 좋아. 하지만 모든 사람이 자연의 박자에 맞춰 춤추는 건 아니야. 그러니 시간을 최대한 활용하는 또 다른 접근법은 내 에너지가 언제 성하고 언제 쇠하는지를 아는 것이 되겠지.

가장 에너지가 넘칠 때
가장 어려운 일을 해보세요.

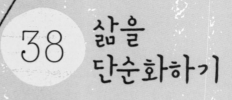

38 삶을 단순화하기

정교하고 세밀하고 복잡하게 살면 그만큼
삶은 혼란스럽게 마련이야. 바쁘게 (라고
쓰고 '혼란스럽게'라고 읽는다) 살면 살수록
거미줄에 걸린 곤충처럼 점점 얽매이게
되는 거지. 거기서 탈출하는 유일한 방법은
사용하기 쉬운 버전을 선택하는 거야.
어떤 문제에 여러 가지 대안이 주어졌다면,
그중에 가장 간단한 답을 선택하는 것이
최선일 수 있어. 왜냐하면 이 단순함이
우주를 움직이거든. 약간의 여유 시간을
남겨뒀다가 거미가 잡으러 오기 전에
탈출해.

아이스크림 중에서 가장 인기 있는
맛은 바닐라입니다.

39

마음 챙김

지혜는 경험에서 오지만, 마음 챙김은 사는 동안 언제든지
가질 수 있어. 그렇다고 깨달음을 얻으러 인도행
편도 항공권을 사고, 진정한 스승을 찾아 산에 오르거나,
사자 가죽으로 만든 옷을 걸치고 동굴에서 눈감고 불경을
욀 필요는 없어. 더 많이 자각하고 인식하며 살기 위해서는,
비유하자면 네가 들인 노동(시간)의 결실이 나무에 달리는
것으로 숙고하면 돼.

마음 챙김의 상태에서는 시간이 사라지는
것처럼 보인답니다.

40

한계를
설정할 것

네 시간의 대부분을 누가,
아니면 무엇이 차지하고 있어?
현재 시간을 쏟아야 할 대상에
한계를 설정하거나 존중하는
것을 연습하지 않더라도, 모든
사람에게는 '티핑 포인트*'가 있어.
지금은 지극히 너그러울지 모르겠는데, 나중에는 진이 빠져 지쳐버릴 거야.
일부러라도 네 책임에 한계를 설정해두고, 가장 중요한 사람과 일에 쓸
시간을 남겨두어야 해.

* 작은 변화들이 일정 기간 동안 쌓여, 사소한 변화 하나만 더 일어나도
 갑자기 큰 영향을 초래할 수 있는 상태가 된 단계

어느 복권회사의 모토는 이렇습니다. '한계를 알고, 무리하지 말 것'

41

집안일은 분담해서

어렸을 때 각자에게 할당된 집안일을 날짜별로 냉장고에 붙여둔
적이 있었을 거야. 행여 그런 식으로 부모님이 엄격하지 않았더라도,
대학 시절 룸메이트가 선의로 네게 일을 부탁한 적은 있겠지.
어찌됐든, 가사 분담 계획은 (그리고 위임도) 집을 깨끗하고
깔끔하게 유지하기 위해 필요해. 그리고 제때제때 해야 해. 각각의
일에 필요한 시간에 관해선, 식구 모두의 피드백을 받아두는 것도
잊지 마. 그렇게 각자가 성장할수록 목록도 진화하게 되지.

설거지에서 1분을 아끼면 정원 손질에 1분을
투자할 수 있습니다.

경계 긋기

남을 만족시킨답시고 자기 한계를 넘어 무리하면 감정적,
육체적, 그리고 때론 영적으로까지 탈진해버려. 그 반대도
마찬가지야. 시간을 앗아가는 무리한 요구에서 스스로를
보호하지 않으면, 일상의 통제력을 잃고 입지는 더욱 약화될
거야. 경계를 설정하고 유지하는 것은 가정과 직장 모두에서
건강한 관계를 유지하고 있다는 표시야. 자신에게 필요한 것과
때와 이유를 정확히 아는 한 잘못될 리는 없어.

이렇게 말하는 것에서부터 경계는 설정됩니다.
"나는 ……라고 생각해" 또는 "나는 ……가 필요해".

43

1분력의 힘

연구에 따르면 1분의 계획으로
5분을 아낄 수 있대. 효율성이 5배 더
늘어난다고 생각해봐. 그 남은 시간으로
뭘 할 건지, 가능한 일들을 상상해보는 거야.
물론 계획이 전략적일수록 결과는
더 나아지겠지만 거기에 연습까지 하면 완벽해지지.
이 전술만 있으면 (거기에 다른 99가지 시간 관리법까지 더한다면)
넌 삶을 통제하는 데 필요한 모든 것을 다 가진 거야.
이제 5분을 할애해서 모든 것을 흡수해봐.

연구에 따르면, 계획하는 데 1분을 쓰면
실행하는 데 5분을 아낄 수 있답니다.

44

작은 문제는 5분 이상 고민하지 않기

자명하게도, 이 작지만 위력적인 시간 관리 전략은 네 마음에 스위치를 딸깍 켜줄 거야(제목에서부터 벌써 무릎을 탁 치지 않았을까). 상식 같아 보이지만, 문제 해결에 5분이 필요한지, 20분이 필요한지를 어떻게 판단할까? 그건 물론 문제에 따라 달라지지.

한 가지 분명한 건, 이 전략이 당신을 시간의 지배자로 만들어줄 겁니다.

5분 문제: 저녁으로 뭘 만들까?

20+α분 해결책: 요리책 더미 위에 앉아 모든 사진을 넘겨가며 군침을 흘리고 있다.

5분 해결책: 냉장고를 열고 세 가지 재료를 골라 요리를 시작한다.

5분 문제: 데이트할 때 뭘 입을까?

20+α분 해결책: 쇼핑몰에서 하루를 보내고 신용카드로 새 옷을 구입한다.

5분 해결책: 옷장을 열고 제일 좋아하는 옷 세 벌을 고른 뒤, 그 옷들을 입어보고 가장 섹시해 보이는 것으로 결정한다.

5분 문제: 어떤 메일에 답신해야 할까?

20+α분 해결책: 잠시 미뤄뒀다가 몇 시간 동안 모든 사람에게 일일이 답장한다.

5분 해결책: 바로 처리할 메시지를 추려내 이에 답신한 뒤, 나머지는 위임하거나 무시한다.

5분 문제: 어떤 영화를 볼까?

20+α분: 온라인에서 끝도 없는 미리보기의 세계에 빠진다.

5분 해결책: 눈을 감고 선택 항목을 스크롤한 후, 무작위로 선택한다.

5분 문제: 어떤 브랜드의 제품을 사야 할까?

20+α분 해결책: 소비자 감시 보고서의 세부 사항들을 자세히 살펴본다.

5분 해결책: 본능을 따르고 필요도와 선호도에 따라 최선의 제품을 선택한다.

45 브레인스토밍의 2가지 규칙

첫 번째 규칙. 창의적인 브레인스토밍 테이블엔 분석적 편집자인 좌뇌를 위한 자리가 없어. 관리가 필요한 일처리에는 일정 시간을 할애해 새로운 방식을 계획하고, 구상하고, 고안해봐.

두 번째 규칙. 규칙은 없어. '브레인 덤프'*의 장점은 최대한 많이 즉흥 아이디어를 편견 없이 포착하는 거야. 맞아, 개중엔 황당무계한 아이디어도 있겠지만 그래도 일부는 전방위적으로 삶에 엄청난 발전을 가져올 수도 있어. 이것이야말로 시간을 잘 활용한 예가 아니고 뭐겠어?

* 단순한 질문에 상투적이고 획일적인 방법으로 대답하는
  대량의 응답 또는 응답에 사용되는 데이터.

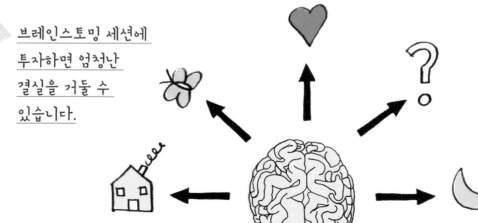

브레인스토밍 세션에
투자하면 엄청난
결실을 거둘 수
있습니다.

46

아침형 인간 되기

하루 24시간이 모자라지 않아? 알람 소리가
지긋지긋하겠지만 태양과 함께 눈뜨고 잠드는 건 더 많이
일하기 위한 필수 조건이야. 더 많은 평화와 고요함이
필요하다고? 아침 6시에는 시끄럽게 짖어대는 개도,
불행한 아이들도, 잔디 깎는 기계도 거의 없어. 출근길에
차가 안 막히는 건 말할 것도 없겠지.

일찍 일어나는 새가 벌레를 잡는 법입니다.

47

건강 관리가 시간 관리의 시작

시간을 관리하려면 적어도 한 가지가 필요해. 그건 바로 너! 네가
건강하지 않으면 어떤 일을 처리하는 데 두 배 이상의 시간이 걸려.
알다시피 (성공은 차치하더라도) 생존을 위해서는 감정적, 신체적,
정신적, 영적 건강을 유지하는 것이 필수야. 유감이지만 그 누구도 너
자신만큼 네게 필요한 것이 무엇인지 아는 사람은 없어. 즉, 네 건강과
부유함과 행복은 전적으로 네 책임이라는 말이지.

풀은 자라려고 기를 쓰지 않아요.
당신도 그래야 합니다.

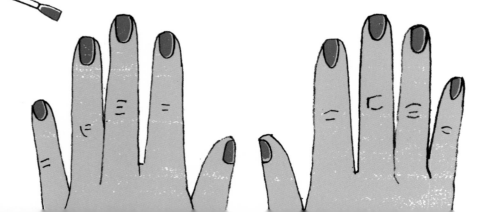

자기 계발서 읽기: 당신이 삶을 어떻게 바꾸고 싶든 간에, 숱한 조언자들이 주위 환경을 개선하는 데 유용한 정보들을 공유하고 싶어 합니다. 도서관이나 서점에 가서 맘에 드는 책을 골라보세요.

운동하기: 위아래, 위아래. 하나, 둘, 셋, 넷. 고통스럽지 않으면 효과가 없습니다. 힘든 만큼 얻는 게 있을 거예요. 쉽게 이뤄지면 재미없죠. 운동화를 신고 동네를 한 바퀴 돌아보세요. 이것이 익숙해지면, 다음번엔 조깅을 해보는 겁니다.

일부러 침대에 누워 있기: 양치를 하고 볼일을 본 다음, 시리얼을 한 그릇 먹습니다. 그리고 다시 침대로 돌아가는 거죠. 그러곤 침대에 눕습니다. 그래요, 아마도 죄책감이 느껴지겠죠(심지어 불안할 거예요). 그러나 그대로 심호흡을 하고 상황을 즐겨보세요. 전화기를 끈 다음 다시 자는 겁니다!

채소 길러 먹기: 낫이든 호미든 들고 정원 한구석 밭을 갈아봅니다. 가을 박람회에서 호평받은 단호박을 직접 키우려면 어떻게 해야 하는지를 이웃에게 물어보고요. 수확의 계절이 오면 당신은 (합법적인) 황홀경에 빠질지도 모르죠.

정신건강의 날 정하기: 인근 온천을 예약하고 자신을 접대해보세요. 전신 마사지, 얼굴 관리, 매니큐어, 페디큐어를 받고, 거품 욕조나 온천탕에 몸을 담그는 거죠. 그런 다음 점심으로 새싹 샐러드와 밀싹 주스 한 잔은 어때요?

멀티태스킹 연습

수영 강습 가는 길에 식료품점에 들를 짬을 낼 수 있어?
차에 연료를 채워야 해? 그럼 돌아가는 길에 주유소에
들르면 되겠네. 사람들은 대부분 원래 있던 일정에 가능한
많은 볼일을 끼워 넣지. 지극히 자연스러운 행동이야. 뭐래,
넌 여태 그래 본 적이 없다고? 그렇대도 너무 낙담하지는 마.
단, 지금부터는 네가 하루에 얼마나 많은 일을 할 수 있는지
살펴보는 거야.

<u>한 쌍의 쌍안경으로 두 마리의 새를
관찰하십시오.</u>

바위, 조약돌, 모래 채우기

가장 중요한 일에 어떻게든 시간을
내겠노라 고심 중이야? 여기 바위-조약돌-
모래 접근법을 소개할게. 네 시간을
유리병이라고 생각해봐. 그런 다음, 거기에
해야 할 일을 채워 넣는 거야. 바위가
가장 먼저야. 바닥 뚫린 탱크를 채우는
일 같은 거지. 조약돌은 그렇게 급하지는
않지만 중요한 업무, 예를 들어 책상이나
이메일 잡동사니를 치우는 일 등이 해당될
거야. 마지막으로 유리병의 나머지를
모래로 채워. 이건 우선순위가 가장 낮은
일로, 소파에 누워 TV를 보는 일 따위가
속하겠네. 그런데 네 유리병을 고양이
모래로 채워버리면, 조약돌과 바위는
어떻게 넣을 거지?

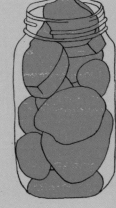

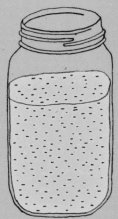

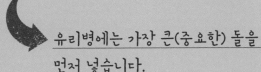

유리병에는 가장 큰(중요한) 돌을
먼저 넣습니다.

의사소통도 다양하게

어떤 일을 처리하는 데는 수십억 가지의 방법이 있어. 아마 다른
사람들과의 의사소통법도 마찬가질 거야. 그렇다면 일상의
소통에서도 분명한 메시지와 덜 분명한 메시지 모두를 잘못 해석할
가능성이 농후해. 오해받는 건 말할 것도 없고 말이지. 그렇기
때문에 어떻게 정보를 받고 싶은지 다른 사람에게 알리는 것은 매우
중요해. 직접 대면하고 얘기하기, 문자 메시지, 이메일 또는 전화 중
어떤 방법을 선호해? 같은 페이지를 봐야 같은 책을, 같은 속도로,
동시에 읽을 수 있지.

이런 노래 가사가 있습니다. '함께할수록 더 행복해져요.'

51

소지품은 항상 같은 자리에
놓아둘 것

집에 오면 지갑과 열쇠, 가방, 핸드폰을 늘 같은 곳에 놓아둬.
차에 타도 역시 똑같이 하는 거야. 내 친구 하나는 낯선 사람이나
관공서로부터 분실물을 찾아가라는 전화를 자주 받아. 의심할
여지없이, 그 친구는 그 때문에 엄청 스트레스를 받지. 누군들
안 그렇겠어? 하지만 더 이상 스트레스를 받거나 버벅거리며
살 필요가 없어. 이제부터 내 말대로 해봐, 내 친구처럼 되지
말고…….

시간 관리의 기본은 반복입니다.

52

출퇴근 시간 활용하기

출퇴근 혹은 등하교, 취미나 스포츠 활동을 하러 오가는 데
얼마나 많은 시간을 보내고 있어? 교통체증으로 기다리는
시간을 지루하지 않게 만들어주는 것들을 해보는 건
어떨까? 초조해하고 조바심 내는 대신 오늘 하루 일정을
생각해보든가, 아니면 영감을 받거나 재미있는 오디오북
또는 팟캐스트를 들으면서 긴장을 풀어보는 것도 좋겠지.
아니면 핸즈프리로 중요한 전화를 걸어보든지. 그러고 보니
마지막으로 엄마와 통화한 게 언제야?

출퇴근 시간을 자유 시간으로 생각합니다.

청구서 결제는
온라인으로 일괄처리

부채 정리와 마찬가지로, 한 번에 지불하면 시간이 절약될 뿐만 아니라 자질구레한 것을 놓쳐 찜찜할 일도 없어. 모두 제각각인 지불 날짜와 방식에 전전긍긍하느라 잠을 설칠 필요는 없잖아(잠들기 전에 충분히 생각하지 않은 것도 아닌데 말이지). 온라인 뱅킹, 즉시 이체, 구독 서비스를 통해 청구서를 온라인으로 한꺼번에 처리할 수 있어. 굳이 안 할 이유가 없겠지?

자동이체를 설정하고
한 번에 해결해버리세요.

54

꿈은 원대하게,
시작은 한 걸음씩

애초에 인간은 단세포 생물이었어. 너를 좀 보라고!
만물은 무형의 에너지에 그 뿌리를 두고 있어서, 아무리
네 시작이 보잘것없었다 해도 이렇게 성장할 수 있다는
걸 보여주잖아. 네가 가장 소중히 여기는 것에 따라
신중하게 삶을 설계하고, 적절할 때 도전해. 새로운 것을
시작할 때는 인내심을 가져야 해. 자연에는
나름의 시간표가 있으니까.

한 번에 한 걸음씩 걷는 겁니다.
로마도 하루아침에 세워지지 않았어요.
그 어떤 중요한 것도 마찬가지입니다.

55

벽시계 걸기

째깍이며 가는 시계의 유일한 목적은
네가 시간을 지배하고 있는지, 혹은 그렇지
못한지를 알려주는 것이야. 지금까지의
삶이 네게 우호적이었든 적대적이었든
그와는 상관없이, 하루 일과를 계획하고
조직할 땐 네가 매분 매초를 어떻게 쓰고 있는지
추적하는 것이 중요해. 즉, 측정하고 추적할 수
있어야 그 대상을 통제할 수 있다는 얘기야.

시간은 당신의 친구입니다.

56

비서 채용

온라인 세상은 우리가 일하는 방식을 변화시켰지만, 언제 어떻게
생활 방식까지 바꿀지는 두고 볼 일이야. 하지만 네가 자영업자라면
'나를 위한' 시간은 종종 '일하는' 시간이 되겠지. 이 경우 반복적이고
오래 걸리는, 또는 별 생각 없이 할 수 있는 일은 누군가를 고용해
맡기는 거야. 그러면 자유 시간이라고는 존재하지 않는 끝없는
심연에서 벗어날 수 있어. 외국인을 고용하면 더 적게 들 테지만,
어디에서 도움을 얻든 분명히 신원을 요구하고 확인해. 어렵게 번
돈을 사기당할 순 없으니 말이야.

경험에 의하면, 지불한 만큼 얻는 법입니다.

삶의 단순한 공식

내 멘토에 따르면, 쉽고 편안한 일을 하면 결국 어렵고 불편하게 살고, 어렵고 불편한 일을 하면 순탄하고 안락하게 살게 된대. 즉, 원하는 결과에는 대가가 따른다는 뜻이지. 처음에는 시간 관리가 어렵고 불편할 수도 있겠지만, 이것은 앞으로의 삶에서 네게 배당금으로 돌아올 거야.

가져본 적이 없는 것을 갖고 싶다면, 해본 적이 없는 일을 해야겠지요.

58 분주한 가족,
일정 조율하기

호사스러운 디저트를 즐기는 대신 가족과 시간을 보내며 저녁식사를
해봐. 힘들 수도 있지만 나름대로 의미는 있을 거야. 이미 충분히
원활하게 소통하고 있겠지만, 원만한 관계를 위해 모난 곳은
언제든 사포질할 필요가 있어. 이런 노력이 안 먹히는 듯해도, 일단
성공하면 언제 그랬냐는 듯 완벽한 계획 같아 보일 거야. 요지는,
기계에 주기적으로 기름칠해서 '나만의' 시간을 더 즐기자는 거지.

달을 조준하면,
별도 맞출 수
있죠.

결정을 보류하는 것도 방법

영영 헤어 나올 수 없는 모래구덩이에 빠져 가라앉는 기분이라고?
'분석 불능'에 빠져 허우적대고 '잘못된' 결정을 내리는 건 아닐까
싶어 조바심이 난다고? 그렇게 시간을 낭비하고 있다면, 가장
먼저 해야 할 것부터 해. '잘못된' 결정이란 없어. 털끝만큼의
희망도 없는 무의미한 삶 같다는 생각이 들면, 잠시 멈춰서 방향을
바로잡고, 아무것도 결정하지 않아도 괜찮다고 스스로를 다독여줘.
임시방편이긴 하지만 적절한 때에 사용할 수 있는 아주 효과적인
방법이야.

결정하지 않기로 결정하는 겁니다.

60

취미 생활의
기적

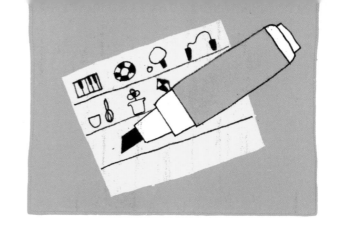

일정표에 연필로 끄적거릴 게 아니라 굵고 검은 펜으로
큼직하게 적어봐! 네게 영감을 부여하고 느긋함을 주는 일에
시간을 들이겠다는 강한 의지가 없다면, 건강한 워라밸(일과
삶의 균형을 뜻하는 신조어)은 불가능할 거야. 삶이 균형을
이루지 않는 한, 효과적인 시간 관리의 개념은 끝내 이해되지
않을지도 몰라. 일주일에 한 시간밖에 짬이 안 난다 해도 걱정 말고
한번 해봐. 수입의 10퍼센트 저축에 복리가 쌓이듯,
미래를 위한 큰 자산이 될 테니 말야.

취미를 즐기거나 탐험할 시간을 낼 수 없다면,
심각하게 자신을 돌아볼 때입니다.

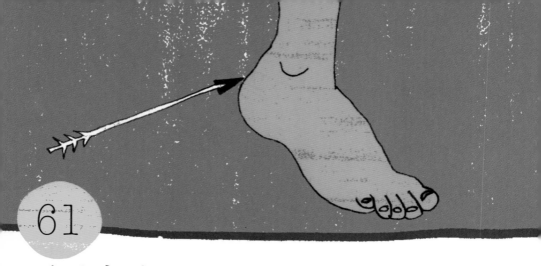

61

불리한 상황에서
프로젝트는 금물

신용은 최고의 보증이지만, 프로젝트를 성공적으로 완수하는 데

전력투구하지 못할 거면 애초에 시작하지도 마. 완전히 시간낭비니까.

비유하자면 아킬레스건인데, 이건 숱한 사업가, 창조적인 사람들, 모험적인

사람들에게도 골칫거리야. 이 기본 철학에 관한 것만으로도 책을 쓸 수

있을 정도라고. 완전하고 명확하게 디테일을 볼 수 없다면 더 나아가지

않는 거야. 맞아, 실패만큼 확실한 배움을 주는 건 없다지만 굳이 왜 힘든

길을 택하려는 거야?

 마음이 시키는 대로 하세요.
단, 제자리에 있을 때만.

전화 골라 받기

만물을 창조한 이가 누구든 무엇이든 간에, 음성 메일은 정말 놀라운
발명이야. 지구 반대편 누군가에게 전화하기 같은 비생산적인
행동에 쓸 시간을 줄이는 건 천국의 금고를 여는 것과 같지. 비서나
조수, 가족 등이 없었다면 넌 음성 사서함이라는 늪을 헤치며
엄청난 시간을 소비하고 다녔을 거야.
네 소중한 시간에 바리케이드를 치렴.

브래드 피트가 열연한 영화 〈파이트 클럽〉에는
"난 절대 전화를 받지 않아"라는 대사가 나옵니다.

 # 활동에도 시간제한을

머리 감는 데 1시간이 걸리는 걸 알고 있다면, 타이머를 맞춰봐. 그런데 이런 식이면 재미가 없으니, 별로 달갑지 않은 일에는 시간제한을 두는 거야. 예를 들어 하루에 1시간만 빨래를 하는 거지. 또는 크리스마스 쇼핑을 1회, 1일 또는 1주일로 제한하는 거야(이렇게 하지 않으면 한 해의 하이라이트인 이때, 시간 관리에 대해 완전히 잊어버릴 수 있으니까). 하지만 이것마저 힘들면, 사람들에게 줄 선물 목록을 네 쇼핑 일정에 맞추는 거야. 아, 그리고 성공하지 못해도 다시 시도하지 마. 그냥 산타 탓으로 돌려.

근무 외 시간에는 거의 일하지 않으니,
그때 자신을 돌보는 게 어때요?

64

부재중 전화는 무시하기

부재중 전화에 일일이 답할 만큼 한가해? 상대가 전화를
받지 않으면 메시지를 남기는 데 훨씬 더 많은 시간을
낭비하게 되지. 통화가 서로 어긋나는 건 정말 악순환이야.
왜 이런 게임에 말려들어야 하냐고. 누군가 메시지를
남기지 않았다면 그건 별로 중요하지 않다는 의미야.
그런데 왜 네게는 중요해야 하지?

삐~ 소리가 나면 메시지를
남겨주세요.

시간 일지 쓰기

일상 또는 과외 활동에 대한 일기나 기록을 남기면,
네 시간을 가장 많이 잡아먹는 일이 뭔지 알 수 있어.
많은 자영업자나 창의적인 사람들은 고객에게 얼마나
많은 시간을 청구해야 할지, 그림, 조각, 녹음 작업을
완료하는 데 얼마나 오래 걸릴지 알고 싶어 해. 측정할
수 있으면 추적도 가능하고, 추적할 수 있다면 통제할 수
있지. 너는 시간의 지배자야, 아니야?

장기적 안목에서 우선순위를 정하십시오.

66

시간 관리에서 해탈하기

시간 관리법을 일러준다면서 시간 관리에 대해
완전히 잊어버리라고 하면, 모순처럼 들릴 거야.
하지만 공적으로든 사적으로든 모든 걸 살피는 것이
스트레스이고 괴로움이라면, 지금 당장 휴식을 취하는
거야. 관리, 조율, 제어로부터 자유로워본 적이
마지막으로 대체 언제였어? 즐거울 때는 시간이
쏜살같이 흐르지만, 상황이 어렵고 고통스러울 땐
멈춘 듯 더디 가지 않아?

당신에게 시간은 적인가요,
친구인가요? 어느 쪽이든 당신이
선택할 수 있습니다.

마냥
좋은 시간

데이트하는 날

67

하나는 가장 외로운 숫자가 되어선 안 돼. 데이트하는 날을 정해 특별한
사람과 둘만의 시간을 보내봐. 그것이 엄마와 아들이 될 수도, 친구와
친구가 될 수도, 아내와 남편이 될 수도 있어. 누구나 다 특별하길 원하지.
심지어 키우는 강아지도 그래. 반려견과도 특별한 시간을 보내고
모처럼 오랫동안 산책해보는 거야.

누군가와 좋은 시간을 함께 보내면 그의 말만을 집중해서 듣고 대화할 수
있지. 그러면 상대는 자신이 정말 특별하다고 느끼게 될 거야. 그 보답으로
네게도 똑같이 해줄 거고. 너도 결국 가치 있는 존재이고, 이해받고
이어져 있다고 느끼게 될걸.

소중한 시간을 보내는 데 이보다 더 좋은 방법이 있어?

**내게 중요한 사람과
특별한 시간을 보내세요.**

68

방해물 차단

뭔가에 열중해 있을 때 주의를 분산시키고 고도의 집중
상태를 방해하는 건 뭘까? 아무튼 주의하지 않으면, 문자
메시지 알림이나 쉴 새 없이 깜빡이는 광고판, 끈덕지게
달라붙는 아이들, 엄청난 이메일, 꿀을 찾는 벌처럼 사무실을
휘젓고 다니는 직장 동료들, 그 외 주변의 무수한 방해물들이
너의 균형을 깨뜨려버릴 거야. 균형을 잃고 흔들리면 평정을
되찾기 힘들어질지도 몰라. 하지만 반드시 회복해야 해.

작은 것에 정신이 팔리면
큰일을 못 하는 법이지요.

69

이게 정말 중요한 일입니까?

허무주의주의자는 콧방귀를 뀔 테지만, 어떤 것이
네게 중요하다면 '계속해 나가서 문제될 게 뭐야?'
시간과 관심을 들여도 좋을 대상인지 의심스러우면,
이렇게 자문해봐. 그러면 문제를 명확히 보게끔 도와주는
내면의 진실이나 상반된 관점이 드러날 거야.
궁극적으로 모든 행동과 결정, 시간과 에너지의 투자는
네게 달렸어. 그렇기 때문에 모든 것에 의문을 가지면
애초의 동기와 영감을 돌아볼 수 있게 돼.

시간은 당신에게 중요한
것을 보여줄 수 있습니다.

70 삶에서 적당한 때란 없다

적당한 때를 기다리느라 미적대기 일쑤라거나 날씨에 따라 기분이 수시로
바뀐다면, (무언가를 위해 '적당한' 때를 기다리는 건, 삶이 불만족스럽고
미흡하다는 증거야) 실패나 좌절을 경험하게 될 수도 있어. 설사 그렇다
해도 실패란 단지 뭔가가 작동하지 않는다는 증거이고, 좌절 또한 목표를
실현하는 다른 방법이 있다는 사실을 알려주지. 넌 그저 해결해 나가면 돼.

살면서 배워 나가는 자세를
받아들이는 게죠.

생각: '나는 교육을 제대로 못 받았어.'

행동: 자기 자신을 충분히 믿고, 교육 과정에 등록한 다음, 앞서간 사람들로부터 배웁니다.

생각: '충분한 자원이 축적될 때까지 기다리는 중이야.'

행동: 지금 가진 것으로 할 수 있는 것을 합니다. 실제든 상상이든 장애물에 직면하면, 내가 가진 유무형의 자원을 모두 활용해봅니다.

생각: '점쟁이 말이, 지금은 적절한 때가 아니래.'

행동: 점성술을 믿는다면, 행동에 박차를 가해야 할 때 필요한 정보를 받아내세요. 그래야 초록불로 바뀔 때 전진할 수 있습니다.

생각: '하고 싶지 않아.'

행동: 뭐가요? 목표를 달성하고 꿈을 실현하고 승리를 만끽하는 것 말인가요? 컴퓨터 앞에 앉거나, 일터로 가거나, 전화기를 집어 들거나, 서랍을 여십시오. 무언가에 주의를 기울이는 순간, 보이지 않는 힘이 당신을 도울 겁니다.

생각: '실패할까 봐 두려워.'

행동: 두려움 때문에 물러서게 된다면, 언제나 비참해집니다. 동기부여에 대해 강연하는 이들은 두렵더라도 어쨌든 저지르라고 조언합니다. 잃을 게 없잖아요?

SNS 사용 시간 제한

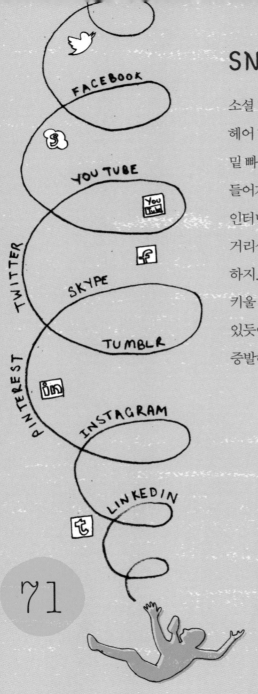

소셜 미디어는 우물 같아서 한 번 빠지면 절대 헤어 나오지 못해. 소셜 미디어 웹사이트는 밑 빠진 구덩이야. 그 광대한 소용돌이에 빨려 들어가 다시는 돌아오지 못할 수도 있어. 인터넷은 관계 형성에 도움을 주고, 시간과 거리상 분리된 사람들의 간격을 메워주기도 하지. 세대 간 관심사를 아우르는 동지애를 키울 수도 있고 말이야. 하지만 동전에 양면이 있듯이, 토끼굴에 빠지면 어느새 시간은 증발해버리고 말아…….

SNS상에서 유명해지는 것은 모노폴리 게임에서 부자가 되는 것과 같습니다.

71

놀 시간은 필수

다양한 소일거리로 기분전환을 하고 창의적인 놀거리로 내면의
아이를 즐겁게 해줘. 정신이 자유로워지고, 저절로 자연스러운
시간 관리의 흐름을 따르게 될 거야. 더 이상 모든 것을 일정에
맞추거나, 반드시 유의미한 결과를 도출하려고 안달복달하지
않아도 돼. 자신(또는 타인)이 기대하는 경계는 자유롭게
무너뜨리거나 확장할 수 있거든.

'놀이는 최고의 학습이다.'
－알베르트 아인슈타인

연착을 감안할 것

뭔가를 성취하려고 애쓰다 보면 좌절하거나 예정보다
늦어지기도 하고, 걸림돌이나 장애물과 마주치게 돼.
자연에는 시계처럼 시간표가 있어. 그래서 사람은 때로는
자연과 같은 속도로 여행하기도 하고, 때론 뒤처지기도 하지.
아주 드문 경우지만, 자신이 앞서간다고 느낄지도 몰라.
하지만 너무 자만해서는 안 돼. 그것은 환상이야. 기껏해야
우린 마지막에 긴급 배송되고 발송돼 전달되는 소포 정도라고.

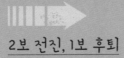

2보 전진, 1보 후퇴

과거는 히스토리,
미래는 미스터리

글, 그림, 조각, 녹음, 출판이 태동한 이래 많은 신학자와 철학자가 주장했듯이,
우리는 '현재'만을 경험할 뿐이야. 과거에 무슨 일이 일어났든 현재에는
더 이상 존재할 수 없고(기억은 예외), 미래에 대해 상상하는 그 어떤 것도
현재에서는 경험할 수 없다는(상상은 제외) 걸 인정한다면, 이 모든 것이
유래된 근원과 소통할 수 있을 거야.

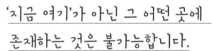

'지금 여기'가 아닌 그 어떤 곳에
존재하는 것은 불가능합니다.

내 안의 에너지 관리

달리 말하자면 '흐름에 맡겨라'쯤 될 거야. 돌이킬 수 없을
정도로 에너지를 소모하거나 고갈시키는 것은 시간을
잘못 관리하고 있다는 분명한 신호야. 정말로 효율적인
사람이 되려면, 힘과 에너지를 보존하고 유지하는 방식으로
자기 삶의 웰빙을 책임져야 해. 감정적, 신체적, 정신적 에너지의
여유분을 비축해두지 않으면 거의 쓸모없게 되어버려.
그런 일이 벌어지면 모든 시간 관리 전략은 소용없는 거지.

자신의 속도를 유지하는 겁니다.

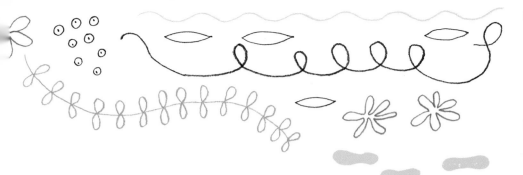

뇌가 놀고 싶은
창의적 여행

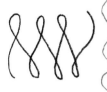

76

약물과 심리 치료를 제외하면, 창의성이 모든 문제에 해답이 될 수 있어.
하루에 7분을 따로 내어(더 길수록 더 좋아), 게임을 한다거나 탐구활동이나
실험을 해보며 맘껏 놀아보는 거야. 자신에게 한번 놀 기회를 줘봐. 정말
깜짝 놀라게 될걸? 인간의 내면에는 미지의 세계가 있어. 단지 필요한 것은
안개 속을 헤매고 다닐 시간이지. 내면 깊숙이에서 책이나 스크린, 또는
날것을 통해 밖으로 튀어나오기만 기다리던 본래의 다채롭고, 혁신적이고,
비전 넘치는 성향이 드러나도록 말이야.

누구나 마음속에는 밖에 나가
뛰어놀고 싶어 하는 아이가
있답니다.

한바탕 파티

친구와 가족, 이웃을 모아놓고 요리를 하거나 빵을 구워봐.
더 좋은 방법은, 지역사회 단체의 주방이나 교회 지하실에 모여
한바탕 요리를 만들어보는 거야. 혹시 혼자 놀기 좋아하는
스타일이라면, 식자재와 식기를 구입한 다음 1주일 치 식사나
간식을 만들어보는 것도 추천! 브라우니라면 한 덩어리 말고
다섯 개를 구워. 그런 다음 나중을 위해 냉동해두거나 회사에
가져가 상사에게 점수라도 따봐.

▐▐▐▐▶

파이, 라자냐, 수프, 피로시키*
피자 도우, 칠리, 쿠키, 홈메이드 빵으로
냉동실을 채우는 겁니다.

* 빵이나 파이 반죽으로 만든 껍질에
  각종 고기로 소를 넣어 먹는 러시아식 만두

맞춤형 뉴스 시청

온통 암울하고 불길한 뉴스뿐이지? 팩트와 수치도 그다지 도움이 안 되고 말이야. 정말 필요할 때 요긴한 정보만 얻으면, 나머지 시간은 자유롭게 즐길 수 있어. 스포츠를 좋아해? 그러면 가장 좋아하는 스포츠 뉴스 채널 또는 블로그 방송만 구독하고 시청해. 최근의 스캔들이나 음모론에 관심이 많다면, 그 끝없는 호기심을 충족시켜줄 은밀한 가십 채널만 빼고 모두 차단하는 거야. 가장 적절한 정보원만을 접하도록 제한하면, 나머지는 무시할 수 있는 힘이 생겨.

살벌한 맹공격을 견디면서까지 얄팍한 사교 파티에 참여할 필요는 없어요.

79

짐보따리 줄이기

비행기, 보트, 버스, 기차를 탈 때는 짐을 가볍게 줄여봐.
반나절 정도는 쉽게 절약할 수 있을걸. 그리고 어느새
한 손에 칵테일을 들고 수영장 옆에서 선탠을 즐기는
너를 발견할 거야. 그렇지 않으면 절대 버뮤다 반바지에
하드락카페 탱크톱을 입을 날도, 이국적인 휴일을 즐길 날도
없을 거라고! 이건 정말 최악의 시나리오인데, 이 화창하고
좋은 날 컨베이어 벨트에서 짐이 나오기만을 기다리며
멍하니 시계만 들여다보고 있지 않으려면,
당장 짐을 줄여.

인내가 미덕이라는 사실을
증명할 필요까지야……

80

속독 배우기

진정한 시간 관리를 위해서는 속독을 배워봐. 속독은
극도로 예민한 학습자를 위한 가장 진보된, 전문적인
계발 전략이거든.

네 독해력이 뛰어나다면, 두뇌에 얼마나 많은 것을 주입할
수 있는지 확인해보는 건 어떨까? 정말로 지식 기반을
최대한 채우고 싶다면 자원은 무궁무진해.
아, 세계기록에 도전해보는 건 어때?

독서를 좋아하지만 시간이 없다면
속독이 최적의 해결책입니다.

먼지 쌓인 기념품은 디지털로 전환

창고나 지하실 아니면 다락방이 해묵은 스크랩북이나 사진첩, 작품, 공예품, 음악 또는 영화 컬렉션으로 가득 차 있는지? 아니면 넘쳐나는 잡동사니를 처리하기 위해 보관 사물함이라도 대여하고 있어? 이런 질문에 하나라도 "맞아"라고 한다면, 이제 그것들을 하드 드라이브에 스캔하고 디지털로 촬영한 다음, 모두 '태워버려야' 할 시간이야. 이렇게 함으로써 생활공간을 어지럽히는 잡동사니를 줄일 수 있어. 이런 기술에 능숙하지 않다면, 똑똑한 젊은 애에게 맡기거나 뇌물이라도 바치면서 도움을 요청해봐. 심지어 안전하게 클라우드를 사용하는 방법까지도 알려줄걸.

디지털 파일은
공간을 방해하거나
차지하지 않죠.

82 GPS 활용

GPS(위성위치확인시스템) 없이 어떻게 살았을까? 하지만 어찌 됐든 간에
여기까지 왔어. 이제 GPS는 말 그대로 네 뒤를 돌봐주고 있지. 이미 알겠지만
지구상 어디에 있든 네 위치를 단 몇 미터 내에서 정확히 짚어낼 수 있다네.
무섭다고? 맞아. 꼭 필요해? 아마 아닐걸. 도움이 돼? 당근! 또다시 길을 잃고
시간을 낭비할 필요가 없어. 사전 경고는 즉 사전 대비야.

장시간 운전해야 한다면 핸즈프리로 설정하고
음성안내를 받으십시오.

83

의사소통은 적극적으로

하루, 일주일, 한 달, 또는 일 년을 계획할 때는 관계자와 상의하고 이야기를 나눠봐. 그 누구라도 말을 안 하면 무슨 생각을 하는지 알 수 없어. 그리고 가치 있는 일도 혼자서는 무한정 할 수 없는 노릇이니, 일을 시의적절하게 하고 싶다면 네 계획과 소망, 감정을 주변 사람들에게 전달해야 해. 다만 분명히 명심할 것은 의사소통이 더 어려워질수록 마음속의 것을 공유해야 할 때라는 거야. 일상적인 시간표를 공유하는 것도 좋지만, 민감한 사안일수록 더 많은 관심이 필요하다는 건 너도 알지?

진심을 말하는 것은 절대
시간낭비가 아닙니다.

84

온라인으로 쇼핑하기

대부분의 온라인 사업자들은 무료 배송과 무료 반품 및 환불 정책을
현명하게 제공하고 있어. 사람들이 구매 전에 제품을 직접 눈으로
살펴보는 걸 선호한다는 사실을 알아서야. 온라인 쇼핑의 이점은
오프라인보다 명백히 더 빠르고 쉽고 저렴하다는 거야. 인터넷상의
경쟁이 치열해지면서, 형태와 규모가 다른 모든 소매상들(말하자면
소비자가 원하는 것은 무엇이든지 제공하는 이들)은 혁신을
거듭하고 있어. 즉, 소비자의 입장에서는 더 많은 선택과 비용 절감이
가능해졌다는 뜻이지.

손끝 하나로 움직이는
인터넷 세상입니다.

85

'당신의 손가락이
움직이게 놔두세요'

전화번호부를 출간하는 북미 최대의 출판사는 수십 년간
이 간단한 모토에 동참했어. 이 황금알을 부화시킨 곳이
사내 마케팅 부서인지, 아니면 외주 광고대행사인지 따위는
중요하지 않아. 요는, 시간 관리의 본질이 이 한마디로
요약된다는 것이지. 대중을 상대로, 시간을 낭비하는 대신
전화번호부를 훑어보라고 몰아간 셈이야.

숫자를 활용하세요.
발로 뛰지 말고.

86

대량으로 구매하기

대량으로 구매할수록 쇼핑을 덜 하게 돼. 그리고 쇼핑을 덜 할수록,
교통체증에 시달리는 일도 줄고, 줄 서서 기다리고 사고 싶은 물건을
찾는 데에도 시간을 덜 낭비하게 될 거야. 이 제안이 그럴싸하게
들린다면, 너만 그런 게 아니란 걸 알아둬. 대량구매에는 다 나름의
이유가 있는 법이라고. 좀비의 습격을 대비해 이미 비축을 시작한 게
아니라면, '사재기'라는 꼬리표가 붙진 않을 테니까.

시간과 돈을 더 절감하려면
이웃이나 공동체, 친척끼리
대량 구매합니다.

87

친구들에게
도움 청하기

도움이 필요할 때는, 도와달라고 애걸하거나 뇌물을 바치는
대신 조력자의 이익에 초점을 맞춰. 그러면 네가 승선을
허락하기도 전에 자진해서 너의 승무원이 될 거야. 왜 그 일에
그가 꼭 필요한지 친절하게 설명하면, 헤드헌팅으로
야기되는 골칫거리도 제거돼. 이렇게 하면 갑자기
떠나버린다거나 자리를 내놓는 선원도 거의 없어질 거야.

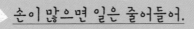

손이 많으면 일은 줄어들어.

"작년에 토니 집에서 얼마나 도배를 잘했는지 기억하지?
몇 가지 물어봐도 될까?"

"아들, 식료품 몇 가지가 필요한데 심부름 좀 다녀올래?
남은 잔돈은 동생이랑 과자 사먹고."

"우리 같이하는 게 어떨까? 네가 오늘 도와주면,
내일은 끝낼 수 있을 거야."

"다음달 기금 모금을 도와주시면, 기꺼이 귀 사업에 대한
리뷰를 작성해드리지요."

"이번 주말에 저녁 먹으러 올래? 지난번 네가 만든 디저트가 너무 맛있었어.
정말 끝내주더라."

"안녕, 밥. 갑자기 일이 생겼는데, 오늘 오후 한 시간만 나 볼일 보는 사이에
빌리 좀 봐줄 수 있을까? 다음주에 꼭 보답할게."

연료는 가득 채우기

어쩌다 보니 차에 기름이 간당간당할 때는 스릴 만점일 수 있지만, 고속도로나 황량한 곳에서 완전히 차가 서버리는 경우라면 전혀 달갑지 않지. 또한 찔끔찔끔 만 원어치씩 넣는 것도, 매연과 함께 털털거리며 도시를 돌아다니는 것도 바람직하지 않고. 그러니 주유소에 들르면 연료를 가득 채워.

연비가 좋은 차량은 그 자체로
시간과 돈을 절약해줍니다.

89

계산서는 미리
챙길 것

하루에 적어도 몇 분은 아낄 방법이 있어. 외식할 때 식사가
끝나면 바로(다시 말해 집에 돌아가 깜박한 지갑을 가져올
생각이 아니라면) 계산서를 달라고 하는 거야. 분주한 레스토랑에서,
특히 시간이 촉박할 때는, 때로는 오래 걸릴 수도 있는 이 과정을
단축함으로써 누구보다 먼저 식당에서 나올 수 있지.

이 팁은 정말로 빨리 빠져나와야 할 때
유용하답니다.

90

전화기 꺼놓기

마지막으로 전화기를 꺼놨던 게 언제야? 맞아, 전화기는
기술적 진보의 끝판왕이지. 우리의 삶을 엄청나게
생산적이고 효율적으로 만든 거의 천재적 발명품이야.
하지만 더 잘 활용할 수 있는 시간을 빼앗는 원흉일 수도
있어. 이제 스마트폰은 통신기기일 뿐만 아니라 초인적
능력을 발휘하고, 잘만 활용다면 우위를 점할 수도 있을 거야.
하지만 우리 솔직해지자고. 이러한 장점을 활용하기 위해
얼마나 많은 시간을 바치고 있는지?

➡️ 하루만이라도 전화를 꺼둡시다.

91

회전목마에서 뛰어내리기

무한할 것만 같던 시간은 어디론가 다 사라져 다시는 볼 수도 들을 수도 없어. 네가 바쁠수록 시간은 더욱 빨리 흘러가. 왜냐하면 넌 역량을 요하는 온갖 책임과 할 일, 결정과 책무들로 둘러싸여 있으니까. 하지만 모든 것이 헛된 것은 아냐. 속도를 서서히 늦춤으로써 여전히 살아남을 수 있어. 그 비결은 모든 혼잡과 번잡에서 물러서는 거야. 이렇게 하면 시간을 붙들고 있는 듯 느껴질 거야.

가끔은 회전목마에서 내려와
4차원 공간을 들여다보세요.

92

독수리 타법과 이별

1분에 몇 단어를 정확히 타이핑할 수 있어? 혹시 다른
사람들처럼 독수리 타법을 쓰는 거야? 메일을 작성하는
데는 얼마나 걸리는데? 경기에 출전한 것처럼 빨리 하라는
게 아니야. 다만 키보드와 효과적으로 의사소통할 수 있는
능력은, 멀리 있는 상대방과의 전화가 어려울 때 연락을
단축시켜주지. 이미 열 손가락을 이용해 타이핑할 수 있다면,
정말 축하해. 그럼 이제 온라인 테스트를 통해 더욱 실력을
늘려보자고.

현재 두 손가락만으로 타이핑 중이라면,
열 손가락을 사용하면 어떨지 상상해봐요.

93

최적의 온도 설정하기

아주 사소한 것이긴 해도 어쨌든 해결책은
해결책이야. 습관, 일정, 일과에 맞게 온도를
설정해봐. 그러면 일상의 번거로움에서 해방될 뿐
아니라 옷장에서 스웨터를 꺼내서 입고 벗고, 창문과
블라인드를 여닫고, 벽난로를 지필 땔감을 자르고,
쪼개고, 쌓아두는 일을 반복하지 않아도 되니 시간을
절약할 수 있잖아.

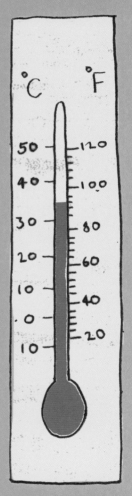

온도계를 설정해둠으로써
하루 일정을 계획하거나
해치울 수 있습니다.

94

잘 먹는 것

더 오래 살고 싶다면 더 나은 선택을 해야겠지. 음식은
연료이자 약이야. 우수한 품질의 연료와 약을 더 주입할수록,
몸은 더 튼튼해져. 두말할 필요 없이 건강할수록 더 오래 살아.
보통 식료품점은 방부제와 화학적으로 가공한 4만여 가지
물품을 취급하는데, 만약 이들을 섭취하기로 했다면
지구상에 생존해 있는 너의 시간은 단축될 거야.
식단을 바꾸고 싶은데 어디부터 시작해야 할지 모르겠다면,
영양사에게 조언을 구해봐.

➡️

**가공하지 않은 천연 유기농 식품부터
시작합니다.**

95

경청의 힘

사람들은 모두 자기 말을 들어주길 원해. 그리고 자기 의견이나 생각, 감정이 존중받기를 바라지. 일단 더 잘 듣는 사람이 되면, 기회가 네 앞에 주어지는 것을 보게 될 거야. 중요한 사람들이 너를 더 신뢰하고, 그들과의 관계가 더욱 끈끈해지면서 만족감은 커져가겠지. 너로선 잃을 게 없어. 처음부터 귀담아듣지 않아서, 네가 어떤 지시를 받았고 어떤 중요한 디테일을 놓쳤는지, 아니면 어떤 민감한 정보를 위임받았는지 등을 재차 상기시키느라 낭비된 시간만 제외한다면 말이지.

귀는 두 개, 입은 하나입니다.
말하는 것의 두 배로 들어야
합니다.

96 저축으로 자존감 높이기

시간이 돈이라 했으니, 더 많이 저축하면 더 많이 자유로워질
거야. 은행 잔고가 많을수록 자존감은 높아져. 주머니에 돈이
두둑해질수록 마트에서 더 건강한 음식을 고를 수 있어.
또 더 많은 돈을 투자하면 마음의 평화까지 얻을 수 있지. 언젠가
은퇴해서 노동의 결실을 즐길 수 있다는 것을 알고 있으니
말이야. 은행가, 신용상담사, 경제학자, 조언자들이 수십 년간
공언했듯이, 힘들게 번 돈의 일부를 저축하는 것은 고달픈
직장에서 노예처럼 일한 세월을 감해주는 신중한 재무 계획이야.

재무에 도통하지 못했어도,
수입의 10퍼센트만 저축하기
시작합시다.

97 TV 시청은 이제 그만

우리는 TV를 켜는 것이 습관처럼 돼버렸어. TV를 켜고 휴식을 취하는 것으로 하루를 마감하지. 하지만 그런 게 행복해? TV 시청은 실제로 삶을 더 불행하게 만들고 의욕을 떨어뜨릴 수 있어. 적게 움직일수록 심신 건강에도 좋지 않다고. 얼마 전까지만 해도 이렇게나 채널과 프로그램이 많지 않았잖아. 선택지가 더 많이 추가되면 종종 스트레스는 더 쌓여가지. 시청할 수 없는 프로그램들이 더 늘어나기 때문이야. 그리고 이건 엄청난 시간낭비이기도 해. 미국인들은 하루 평균 5시간가량 TV를 본대. 만약 몇 시간 더 보고 싶다면 이렇게 해봐. 반드시 시청해야 할 프로그램의 수를 제한하고, 그 방송이 끝나면 바로 TV를 꺼. 바람직한 결정이지?

스위치를 끄세요.

98

대출 상환을 가장 먼저!

대출기관에 쏟아 붓는 돈과 시간을 줄이려면,

격주(또는 매주)마다 갚거나 매달 펀드를 붓는 게 좋아.

이자가 얼마나, 언제 붙는지에 따라 수백만 원도 절약할 수

있어. 이렇게 하면 수중에 얼마가 있든, 집에 들어가는 돈을

마련하느라 바둥거리지 않아도 돼.

한시라도 빨리 대출창구 직원 또는

주택담보대출 담당자와 약속을 잡으세요.

99 성수기 여행은 피할 것

뻔히 아는 건데도, 사람들은 결국 또 줄을 서서 기다리고, 앞 사람들과 카운터/부스/게이트의 서비스를 욕하게 되지. 대부분 휴가 일정은 다른 사람과 엇비슷하게 겹치기 때문에, 어쩔 수 없이 성수기에 여행을 떠나게 돼. 하지만 자유를 얻으려면 대가를 치러야겠지. 하루쯤 금요일에 휴가를 내봐. 혹시 다른 사람들이 모두 금요일에 쉰다면 목요일에 내는 거야. 아니면 뒷마당에서 캠핑을 할 수도 있어. 또는 기분전환으로 친척들을 초대하거나. 성수기에는 도로나 공항, 대중교통을 이용하는 모든 사람이 예민해져서, 병목 현상으로 꽉 막힌 혼잡한 도로를 뚫고 나와도 '여행은 과정이 더 큰 즐거움'이라는 말조차 허망해진다고.

줄 서서 기다리면서 시간을 낭비하는 것만큼 맥빠지는 일도 없죠.

금요일에 휴가를 내봅니다. 혹은, 다른 사람들이 모두 금요일에 쉰다면 목요일에
휴가 신청을 하는 거죠. 뒷마당에서 캠핑을 할 수도 있고, 기분전환 삼아 친척들을
초대해보는 것도 좋지 않을까요?

성수기에는 모든 사람들이 엄청 예민해져 있기에, 병목 현상으로 꽉 막힌
혼잡도로를 뚫고 나와도 '여행은 그 과정이 더 즐거워'라는 말도 무색해지고 말죠.

가능하면 러시아워를 피하세요. 그래야 사랑하는 사람과 함께 하고 싶은 일을 하면서
더 많은 시간을 보낼 수 있어요. 줄 서서 기다리는 대신에 말이죠.

100 미소 짓기

미소로 시간을 절약할 수 있어. 굳이 사람들 앞에 찌푸린 얼굴로 시비조 인상을 줘서 삐거덕거릴 필요는 없잖아. 또한 미소는 좌절감을 해소하고 더 행복하게 해줄 수도 있지. 그럼으로써 너 자신이나 남의 일에 사사건건 간섭하고픈 충동도 줄일 수 있고. 기분 좋을 때 나오는 호르몬이 혈류를 타고 흐를 때, 스트레스와 걱정은 사라지고 늦게나마 마음의 평화를 즐길 시간이 주어질 거야. 휴우~!

미소는 당신을 훌륭한
시간 관리자로 만들어줍니다.

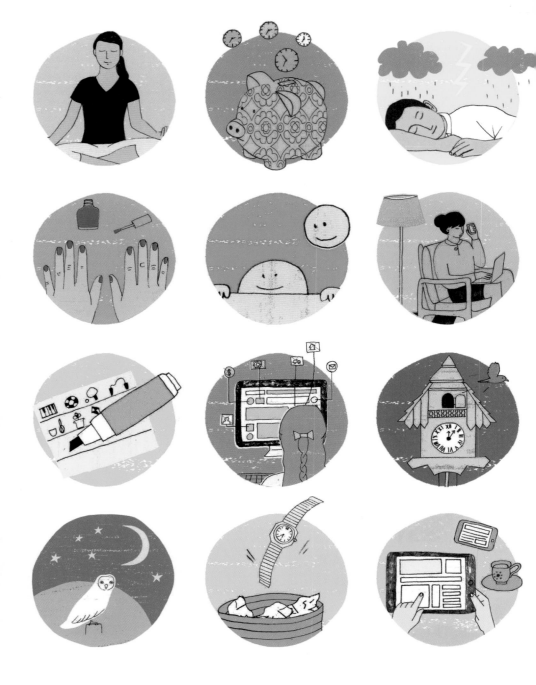

옮긴이_ 이현수

대학에서 호텔 경영을 전공하고 숙명여대 국제관계대학원, 이화여대 통번역대학원을 졸업 후 현재 전문 번역가로 활동 중이다. 옮긴 책으로 《나의 아름다운 책방》, 《기똥찬 미래과학》, 《깊은 잠》, 《성공 리더십》, 《월든, 숲 속의 삶 시리즈 2, 3》 등이 있다.

개바쁜 나를 위한 시간 관리법

초판 1쇄 발행일 2019년 5월 10일

지은이 올리버 루크 델로리
옮긴이 이현수
펴낸이 김현관
펴낸곳 율리시즈

책임편집 김미성
디자인 송승숙디자인
종이 세종페이퍼
인쇄 및 제본 올인피앤비

주소 서울시 양천구 목동중앙서로7길 16-12 102호
전화 (02) 2655-0166/0167
팩스 (02) 2655-0168
E-mail ulyssesbook@naver.com
ISBN 978-89-98229-69-6 03190

등록 2010년 8월 23일 제2010-000046호

ⓒ 2019 율리시즈 KOREA

이 도서의 국립중앙도서관 출판시도서목록(CIP)은 서지정보유통지원시스템
홈페이지(http://seoji.nl.go.kr)와 국가자료공동목록시스템(http://www.nl.go.kr/kolisnet)에서
이용하실 수 있습니다.(CIP제어번호: CIP2019016336)

책값은 뒤표지에 있습니다.